Francisco Catão

São Miguel Arcanjo

Novena

Paulinas

Citações bíblicas: *Bíblia Sagrada* – tradução da CNBB, 2ª ed., 2002.

Editora responsável: Luzia M. de Oliveira Sena
Equipe editorial

Nenhuma parte desta obra poderá ser reproduzida ou transmitida por qualquer forma e/ou quaisquer meios (eletrônico ou mecânico, incluindo fotocópia e gravação) ou arquivada em qualquer sistema ou banco de dados sem permissão escrita da Editora. Direitos reservados.

4ª edição – 2010
13ª reimpressão – 2024

Cadastre-se e receba nossas informações
paulinas.com.br
Telemarketing e SAC: 0800-7010081

Paulinas
Rua Dona Inácia Uchoa, 62
04110-020 – São Paulo – SP (Brasil)
(11) 2125-3500
editora@paulinas.com.br

© Pia Sociedade Filhas de São Paulo – São Paulo, 2009

Introdução

No dia 24 de maio de 1987, João Paulo II visitou o Santuário de São Miguel Arcanjo, no Mont Saint-Michel, na França, e pronunciou uma alocução cujo resumo pode servir de introdução à nossa novena.

O Papa nos fala da alegria de se encontrar no meio dos cristãos, no Santuário de São Miguel Arcanjo, local que há quinze séculos é meta de peregrinações e ponto de referência para aqueles que procuram a Deus e desejam seguir Cristo. Lembra que, em 453, o Papa Gelásio aprovou a dedicação da gruta das aparições do Arcanjo São Miguel como lugar de culto e uma série de pontífices seguiu os seus passos, venerando esse lugar sagrado.

Inúmeros santos estiveram no santuário para haurir força e conforto; dentre essas visitas, ficou célebre e ainda hoje continua viva a de São Francisco de Assis, que, segundo a tradição, considerando-se indigno de entrar na gruta sagrada, se teria detido na entrada, gravando um sinal da cruz numa pedra.

O povo cristão venera o Arcanjo Miguel, protagonista em tantas páginas do Antigo e do Novo Testamento, apresentado na Bíblia como o grande guerreiro na luta contra o chefe dos Demônios.

Ele é o Arcanjo (cf. Jd 1,9) que reivindica os direitos de Deus, um dos príncipes do céu, posto como guarda do povo eleito (cf. Dn 12,1), do qual nascerá o Salvador. Ora, o novo povo de Deus é a Igreja. Eis a razão pela qual ela o considera como protetor e defensor em todas as suas lutas pela defesa e difusão do Reino de Deus na terra. O Arcanjo Miguel está ao lado da Igreja para defendê-la contra as iniquidades deste mundo, para ajudar os crentes a resistir ao Demônio que "anda ao redor, como um leão que ruge, buscando a quem devorar" (1Pd 5,8).

Confiando nessa proteção, recordamos a oração que se rezava no final da missa: "São Miguel, anjo da paz, pacificai a nossa alma de tudo o que a atormenta. Dai a paz à nossa Pátria. Dai a paz ao mundo. Amém".

PRIMEIRO DIA

O combate espiritual

Em nome do Pai, do Filho e do Espírito Santo.
V.: Ó Deus, vinde em meu auxílio.
R.: Senhor, apressai-vos em me socorrer.
V.: Glória ao Pai, ao Filho e ao Espírito Santo,
R.: Como era no princípio, agora e sempre. Amém.
V.: São Miguel Arcanjo,
R.: Rogai por nós!

Leitura bíblica

"Naquele dia vai prevalecer Miguel, o grande comandante, sempre de pé, ao lado do teu povo" (Dn 12,1).

"Houve então uma batalha no céu: Miguel e seus anjos guerrearam contra o Dragão [...] a antiga serpente, que é chamada Diabo e Satanás, o sedutor do mundo inteiro" (Ap 12,7.9).

Reflexão

A vida é uma luta entre o desejo do bem, que alimentamos no fundo do coração, e as inúmeras resistências e decepções que enfrentamos quase todo dia. Buscamos o bem, mas o mal está quase sempre à espreita. A Bíblia fala de uma guerra espiritual; no entanto, um dia tudo será revelado, nada ficará oculto. E nesse dia prevalecerá o bem, representado por seu grande comandante Miguel, cujo nome significa "quem é como Deus?". Será, na realidade, a vitória definitiva de Deus.

Oração

Glorioso São Miguel Arcanjo, primeiro dentre os Anjos de Deus, guarda e protetor de todos os fiéis, a vós recorremos, lembrando que o Senhor vos confiou a missão de velar pelo seu povo, em marcha para a vida eterna, mas rodeado de tantos perigos e ciladas do dragão infernal. Prostrados diante de Deus, imploramos o vosso auxílio *[fazer o pedido]*, pois não há necessidade alguma em que não nos possais valer. Por Nosso Senhor Jesus Cristo, na unidade do Espírito Santo. Amém.

Conclusão

V.: O Senhor nos abençoe, nos livre de todo mal e nos conduza à vida eterna.
R.: Amém.

SEGUNDO DIA
Os anjos e os arcanjos

Em nome do Pai, do Filho e do Espírito Santo.
V.: Ó Deus, vinde em meu auxílio.
R.: Senhor, apressai-vos em me socorrer.
V.: Glória ao Pai, ao Filho e ao Espírito Santo,
R.: Como era no princípio, agora e sempre. Amém.
V.: São Miguel Arcanjo,
R.: Rogai por nós!

Leitura bíblica

"Jacó [...] serviu-se de uma das pedras como travesseiro e dormiu. Em sonho viu uma escada apoiada no chão e com a outra ponta tocando o céu. Por ela subiam e desciam os anjos de Deus" (Gn 28,10-12).

"Em verdade, em verdade, vos digo: vereis o céu aberto e os anjos de Deus subindo e descendo sobre o Filho do Homem" (Jo 1,51).

Reflexão

Deus, Pai, Filho e Espírito Santo, vem a nós em Jesus. Mas o Filho do Homem, como ele mesmo se apresenta, nunca está sozinho. Acompanham-no sua mãe e os anjos que o celebram desde o nascimento. A Encarnação é a garantia de que todos os seres criados, a começar pelos anjos e arcanjos, acompanham o Filho do Homem e com ele triunfam sobre todo mal. Miguel, príncipe das milícias celestiais, comanda todos os que acolhem em sua vida o Filho do Homem na sua vitória sobre o mal.

Oração

Glorioso São Miguel, que permanece ao lado de Gabriel, encarregado de propor a Maria a encarnação do Verbo, e de Rafael, que nos cura de nossas enfermidades, colocamos sob a vossa proteção angélica toda a vida do povo de Deus e a nossa, em especial as lutas em que estamos empenhados neste momento *[fazer o pedido]*, a fim de que, fiéis a Jesus e ao seu Espírito, pratiquemos sempre o bem e nos coloquemos ao lado de Deus, que vive e reina, com seu Filho Jesus Cristo Nosso Senhor, na unidade do Espírito Santo. Amém.

Conclusão

V.: O Senhor nos abençoe, nos livre de todo mal e nos conduza à vida eterna.
R.: Amém.

TERCEIRO DIA

Em defesa da Igreja

Em nome do Pai, do Filho e do Espírito Santo.
V.: Ó Deus, vinde em meu auxílio.
R.: Senhor, apressai-vos em me socorrer.
V.: Glória ao Pai, ao Filho e ao Espírito Santo,
R.: Como era no princípio, agora e sempre. Amém.
V.: São Miguel Arcanjo,
R.: Rogai por nós!

Leitura bíblica

"Acorda! Acorda! Veste tua força, ó Sião! Veste roupa de festa, Jerusalém, cidade santa! Pois nunca mais entrarão aí o gentio ou o impuro!" (Is 52,1).

"Jerusalém, Jerusalém [...] Quantas vezes eu quis reunir teus filhos como uma galinha reúne seus pintinhos debaixo das asas, mas não quiseste! [...] Pois eu te digo: desde agora não mais me verás até que digas: 'Bendito aquele que vem em nome do Senhor'" (Mt 23,37-39).

Reflexão

O Arcanjo São Miguel exprime a imagem de um chefe vitorioso. A ele recorremos na certeza de que Deus leva seu povo à vitória, graças ao triunfo de Jesus sobre o pecado e a morte. A missão angélica só será perfeitamente cumprida no fim da história. Por enquanto, em plena caminhada, enfrentamos grandes adversidades. Assim é a vida do povo de Deus, a Igreja, e de cada um de nós. Celebramos, desde já, na alegria, o triunfo de Jesus, sem esquecer, porém, todas as nossas mazelas, até o dia em que cantaremos com o salmista, na definitiva liturgia pascal: "Bendito o que vem em nome do Senhor!" (Sl 118,26).

Oração

São Miguel Arcanjo, fiel servidor de Deus, pela força de Jesus ressuscitado, confortai-nos em nossas fraquezas e nos sustentai no combate, a fim de que, na unidade do povo de Deus, não nos deixemos abater pelas dificuldades que encontramos *[fazer o pedido]*, de modo que sejamos capazes de perceber as manobras do Demônio e, com redobrada coragem, nos deixemos fortalecer pelo Espírito de Jesus, a fim de um dia nos alegrarmos com a sua vinda. Por Jesus Cristo Nosso Senhor, na unidade do mesmo Espírito. Amém.

Conclusão

V.: O Senhor nos abençoe, nos livre de todo mal e nos conduza à vida eterna.
R.: Amém.

QUARTO DIA

O anjo do santuário

Em nome do Pai, do Filho e do Espírito Santo.
V.: Ó Deus, vinde em meu auxílio.
R.: Senhor, apressai-vos em me socorrer.
V.: Glória ao Pai, ao Filho e ao Espírito Santo,
R.: Como era no princípio, agora e sempre. Amém.
V.: São Miguel Arcanjo,
R.: Rogai por nós!

Leitura bíblica

"Josué, filho de Nun, chamou os sacerdotes e disse-lhes: 'Tomai a Arca da Aliança [...] e os guerreiros marchem diante da Arca do Senhor'" (Js 6,6).

"O Templo que está no céu se abriu, e apareceu no templo a Arca da sua Aliança" (Ap 11,19).

Reflexão

A Bíblia nos sugere que, nos momentos solenes, Deus se manifesta num lugar. Jacó se deu conta em seu sonho (cf. Gn 28,15) e Moisés o descobriu na sarça ardente (cf. Ex 3,6). A partir da conquista da terra, a Arca da Aliança é o lugar da presença de Deus. Jesus é Deus presente na história, e a comunidade cristã, o lugar animado pelo Espírito de Deus. No Apocalipse, ao soar da sétima trombeta, o templo se abre, mostra a Arca, e Miguel, à frente dos guerreiros, expressa a força vitoriosa de Deus (cf. Ap 11,19).

Oração

Deus forte e imortal, que muitas vezes e de muitos modos vindes habitar no nosso meio e por intermédio de vossos anjos nos protegeis de todo mal e nos encorajais em todas as nossas lutas e dificuldades, confiados à proteção de São Miguel, intervinde de modo todo particular em nossa vida *[fazer o pedido]* para que possamos ser fiéis ao Espírito de vosso Filho e, na força de sua ressurreição, alcancemos a vida eterna. Pelo mesmo Jesus Cristo Nosso Senhor, na unidade do Espírito Santo. Amém.

Conclusão

V.: O Senhor nos abençoe, nos livre de todo mal e nos conduza à vida eterna.
R.: Amém.

QUINTO DIA

Em face do mundo

Em nome do Pai, do Filho e do Espírito Santo.
V.: Ó Deus, vinde em meu auxílio.
R.: Senhor, apressai-vos em me socorrer.
V.: Glória ao Pai, ao Filho e ao Espírito Santo,
R.: Como era no princípio, agora e sempre. Amém.
V.: São Miguel Arcanjo,
R.: Rogai por nós!

Leitura bíblica

"É meu, todo o universo e o que nele existe" (Sl 50,12).

"Se o mundo vos odeia, sabei que primeiro odiou a mim [...]; mas, porque não sois do mundo e porque vos escolhi do meio do mundo, por isso o mundo vos odeia" (Jo 15,18s).

Reflexão

Ao longo da história, São Miguel sempre foi invocado como protetor e defensor da cristandade. Hoje em dia vivemos num mundo secularizado, muito semelhante ao paganismo, em cujo meio viveram os apóstolos e os primeiros cristãos. Seu combate era espiritual, como deve ser o nosso. Invoquemos então São Miguel para nos proteger nos combates espirituais, bem mais árduos e contínuos do que os enfrentamentos temporais: nossa luta é pelo triunfo da justiça e do amor de Deus, para que nossa vida e nossa atuação no mundo se façam no Espírito de Jesus.

Oração

Senhor, que nos purificais com o vosso Espírito e amais os corações puros a ponto de chamá-los à vossa intimidade, declarando-os bem-aventurados, porque verão a Deus. Permiti que sejamos apoiados interiormente por vosso Arcanjo Miguel para que não nos deixemos seduzir pelo brilho do mundo nem nos abater pelas artimanhas do Adversário. Imploramo-vos em especial na dificuldade que atravessamos *[fazer o pedido]*, para que sejamos em tudo fiéis ao vosso amor. Amém.

Conclusão

V.: O Senhor nos abençoe, nos livre de todo mal e nos conduza à vida eterna.
R.: Amém.

SEXTO DIA
O Adversário

Em nome do Pai, do Filho e do Espírito Santo.
V.: Ó Deus, vinde em meu auxílio.
R.: Senhor, apressai-vos em me socorrer.
V.: Glória ao Pai, ao Filho e ao Espírito Santo,
R.: Como era no princípio, agora e sempre. Amém.
V.: São Miguel Arcanjo,
R.: Rogai por nós!

Leitura bíblica

"Porei inimizade entre ti e a mulher, entre a tua descendência e a dela. Esta te ferirá a cabeça e tu lhe ferirás o calcanhar" (Gn 3,15).

"O teu pai é o Diabo [...]; ele não se manteve na verdade, porque nele não há verdade, quando mente, fala o que lhe é próprio, pois é mentiroso e pai da mentira" (Jo 8,44).

Reflexão

O mal do mundo é a mentira, a ilusão e o engano. Mal percebemos a trama em que nos encontramos enredados, chamando, meio inconscientemente, o mal de bem e o bem de mal. Jesus, na disputa com seus contraditores, enxerga a confusão e denuncia quem está por trás de toda mentira e de todo engano do mundo. Em face do Demônio, ergue-se a figura do anjo, sintetizada no Arcanjo Miguel, com o poder que tem, recebido de Deus, para nos tornar, no Espírito, participantes do combate e da vitória de Cristo, enquanto não soa a hora da vitória definitiva de Deus.

Oração

Deus, que na vossa misericórdia não rejeitastes o ser humano pecador, enganado pelo Diabo, mas viestes em nosso socorro, enviando o vosso Filho, que nos livrou das garras do Dragão. Que o Arcanjo São Miguel, na chefia de vossos anjos, que assistem a humanidade na história, olhe para nós neste momento difícil *[fazer o pedido]* e nos anime, na fé, a depositar em vós toda a esperança da humanidade. Pelo mesmo Jesus Cristo vosso Filho, na unidade do Espírito Santo. Amém.

Conclusão

V.: O Senhor nos abençoe, nos livre de todo mal e nos conduza à vida eterna.
R.: Amém.

SÉTIMO DIA

Com o poder de Jesus

Em nome do Pai, do Filho e do Espírito Santo.
V.: Ó Deus, vinde em meu auxílio.
R.: Senhor, apressai-vos em me socorrer.
V.: Glória ao Pai, ao Filho e ao Espírito Santo,
R.: Como era no princípio, agora e sempre. Amém.
V.: São Miguel Arcanjo,
R.: Rogai por nós!

Leitura bíblica

"Oráculo do Senhor ao meu Senhor: 'Senta-te à minha direita, até que eu ponha teus inimigos como escabelo de teus pés'" (Sl 110,1).

"Ele é a imagem do Deus invisível [...] pois nele foram criadas todas as coisas [...] tronos, dominações, principados, potestades; tudo foi criado através dele e para ele" (Cl 1,15s).

Reflexão

Em toda a Antiguidade se acreditava que o mundo era regido por seres superiores, deuses, astros ou ventos, de quem tudo dependeria no planeta. Na Bíblia, esses seres superiores eram enviados de Deus, anjos. Os cristãos, fundados no ensinamento paulino, colocam acima de todos esses poderes celestes, tronos, dominações e principados, a figura ímpar de Jesus, a quem, numa leitura cristã dos salmos, atribuem o poder sobre todas as criaturas visíveis e invisíveis. O Arcanjo São Miguel personaliza esse poder. Os cristãos o invocam como responsável pela realização progressiva do Reino de Deus na história.

Oração

Deus, Senhor do Universo, que por intermédio de vosso Filho criastes o mundo visível e invisível e nos conduzistes através dos muitos caminhos da história, guiados e sustentados por Cristo, com a constante intervenção de vossos anjos, fazei-nos reconhecer a força de vosso poder através da atuação do vosso Arcanjo Miguel, a quem confiamos nossas dificuldades *[fazer o pedido]*, para que todos participemos do triunfo de vosso Filho. Pelo mesmo Jesus Cristo Nosso Senhor. Amém.

Conclusão

V.: O Senhor nos abençoe, nos livre de todo mal e nos conduza à vida eterna.
R.: Amém.

OITAVO DIA

Em companhia dos anjos

Em nome do Pai, do Filho e do Espírito Santo.
V.: Ó Deus, vinde em meu auxílio.
R.: Senhor, apressai-vos em me socorrer.
V.: Glória ao Pai, ao Filho e ao Espírito Santo,
R.: Como era no princípio, agora e sempre. Amém.
V.: São Miguel Arcanjo,
R.: Rogai por nós!

Leitura bíblica

"Eu sou Rafael, um dos sete anjos que estão sempre presentes e têm acesso à Glória do Senhor" (Tb 12,15).

"Vi então os sete anjos, que estão diante de Deus [...]. Os sete anjos, com as sete trombetas, prepararam-se para tocar" (Ap 8,2.6).

Reflexão

Juntamente com Gabriel e Rafael, Miguel foi sempre considerado um dos "sete anjos". Não temos notícia dos outros quatro. O mais provável é que o número sete signifique a multidão de anjos que têm acesso a Deus e, diante de sua face, estão sempre presentes. Mais do que a missão, através da qual são designados – cura, arauto e força de Deus –, o que caracteriza os anjos é viver sempre na intimidade de Deus. Antes de mais nada, a força de Deus, através de Miguel, nos dá coragem para vencer nossos inimigos interiores e exteriores e nos permite gozar agora e para sempre da alegria dos anjos, na intimidade de Deus.

Oração

Deus, que nos alimentais desde agora com o pão descido do céu, vosso Filho Jesus, fazei-nos viver, como os anjos, cotidiana e ininterruptamente do pão de vossa Palavra e de vosso sacramento, no santuário de nosso coração. Pela proteção de vosso Arcanjo São Miguel, ajudai-nos a vencer todas as dificuldades em que nos encontramos e todas as seduções do mundo, a que temos de resistir. Que nos seja, então, assegurado o triunfo sobre todas as impertinências do Demônio, em especial na situação *[fazer o pedido]* em que atualmente nos encontramos. Por Nosso Senhor Jesus Cristo, na unidade do Espírito Santo. Amém.

Conclusão

V.: O Senhor nos abençoe, nos livre de todo mal e nos conduza à vida eterna.

R.: Amém.

NONO DIA

Realizando os desígnios de Deus

Em nome do Pai, do Filho e do Espírito Santo.
- **V.:** Ó Deus, vinde em meu auxílio.
- **R.:** Senhor, apressai-vos em me socorrer.
- **V.:** Glória ao Pai, ao Filho e ao Espírito Santo,
- **R.:** Como era no princípio, agora e sempre. Amém.
- **V.:** São Miguel Arcanjo,
- **R.:** Rogai por nós!

Leitura bíblica

"Abençoarei os que te abençoarem [...]. Em ti serão abençoadas todas as famílias da terra" (Gn 12,3).

"Ide fazer discípulos entre todas as nações. Ensinai-lhes a observar tudo que lhes tenho ordenado. Eis que estou convosco todos os dias, até o fim dos tempos" (Mt 28,19s).

Reflexão

O pensamento de Deus abrange todos os povos e todos os tempos. Abraão é o marco inicial na realização desse pensamento de salvação universal. Jesus vem cumpri-la. A Igreja é enviada para estendê-la a todas as nações, até o fim dos tempos. Os anjos, comandados por Miguel, a força de Deus, estão incumbidos de servir a Deus, colocando-se às ordens de Jesus e assistindo a Igreja na realização de sua missão. Sob o comando de Miguel, lutemos todos, unidos aos anjos, para que se realize o pensamento de Deus e se efetive o seu Reino.

Oração

Deus, que desde toda a eternidade decidistes criar os céus e a terra, os anjos e homens, e a todos chamar à proclamação de vossa glória e à comunhão de vossa vida. Enviastes por isso vosso Filho, servido pelos anjos, para que assim se realizasse a promessa a Abraão e fosse cumprida a missão confiada à vossa Igreja. Fazei que a proteção de Miguel seja um fator positivo na realização de vosso pensamento e, para tanto, que ele nos venha em socorro neste momento, obtendo-nos o auxílio *[fazer o pedido]* de que tanto precisamos. Pelo mesmo Jesus Cristo Nosso Senhor, na unidade do Espírito Santo. Amém.

Conclusão

V.: O Senhor nos abençoe, nos livre de todo mal e nos conduza à vida eterna.
R.: Amém.

NOSSAS DEVOÇÕES
(Origem das novenas)

De onde vem a prática católica das novenas? Entre outras, podemos dar duas respostas: uma histórica, outra alegórica.

Historicamente, na Bíblia, no início do livro dos Atos dos Apóstolos, lê-se que, passados quarenta dias de sua morte na Cruz e de sua ressurreição, Jesus subiu aos céus, prometendo aos discípulos que enviaria o Espírito Santo, que lhes foi comunicado no dia de Pentecostes.

Entre a ascensão de Jesus ao céu e a descida do Espírito Santo, passaram-se nove dias. A comunidade cristã ficou reunida em torno de Maria, de algumas mulheres e dos apóstolos. Foi a primeira novena cristã. Hoje, ainda a repetimos todos os anos, orando, de modo especial, pela unidade dos cristãos. É o padrão de todas as outras novenas.

A novena é uma série de nove dias seguidos em que louvamos a Deus por suas maravilhas, em particular, pelos santos, por cuja intercessão nos são distribuídos tantos dons.

Alegoricamente, a novena é antes de tudo um ato de louvor ao Pai, ao Filho e ao Espírito Santo, Deus três vezes Santo. Três é número perfeito. Três vezes três, nove. A novena é louvor perfeito à Trindade. A prática de nove dias de oração, louvor e súplica confirma de maneira extraordinária nossa fé em Deus que nos salva, por intermédio de Jesus, de Maria e dos santos.

O Concílio Vaticano II afirma: "Assim como a comunhão cristã entre os que caminham na terra nos aproxima mais de Cristo, também o convívio com os santos nos une a Cristo, fonte e cabeça de que provêm todas as graças e a própria vida do povo de Deus" (*Lumen Gentium*, 50).

Nossas Devoções procura alimentar o convívio com Jesus, Maria e os santos, para nos tornarmos cada dia mais próximos de Cristo, que nos enriqueça com os dons do Espírito e com todas as graças de que necessitamos.

Francisco Catão

Coleção Nossas Devoções

- *Dulce dos Pobres: novena e biografia* – Marina Mendonça
- *Francisco de Paula Victor: história e novena* – Aparecida Matilde Alves
- *Frei Galvão: novena e história* – Pe. Paulo Saraiva
- *Imaculada Conceição* – Francisco Catão
- *Jesus, Senhor da vida: dezoito orações de cura* – Francisco Catão
- *João Paulo II: novena, história e orações* – Aparecida Matilde Alves
- *João XXIII: biografia e novena* – Marina Mendonça
- *Maria, Mãe de Jesus e Mãe da Humanidade: novena e coroação de Nossa Senhora* – Aparecida Matilde Alves
- *Menino Jesus de Praga: história e novena* – Giovanni Marques Santos
- *Nhá Chica: Bem-aventurada Francisca de Paula de Jesus* – Aparecida Matilde Alves
- *Nossa Senhora Aparecida: história e novena* – Maria Belém
- *Nossa Senhora da Cabeça: história e novena* – Mario Basacchi
- *Nossa Senhora da Luz: novena e história* – Maria Belém
- *Nossa Senhora da Penha: novena e história* – Maria Belém
- *Nossa Senhora da Salete: história e novena* – Aparecida Matilde Alves
- *Nossa Senhora das Graças ou Medalha Milagrosa: novena e origem da devoção* – Mario Basacchi
- *Nossa Senhora de Caravaggio: história e novena* – Leomar A. Brustolin e Volmir Comparin
- *Nossa Senhora de Fátima: novena* – Tarcila Tommasi
- *Nossa Senhora de Guadalupe: novena e história das aparições a São Juan Diego* – Maria Belém
- *Nossa Senhora de Nazaré: novena e história* – Maria Belém
- *Nossa Senhora Desatadora dos Nós: história e novena* – Frei Zeca
- *Nossa Senhora do Bom Parto: novena e reflexões bíblicas* – Mario Basacchi
- *Nossa Senhora do Carmo: novena e história* – Maria Belém
- *Nossa Senhora do Desterro: história e novena* – Celina Helena Weschenfelder
- *Nossa Senhora do Perpétuo Socorro: história e novena* – Mario Basacchi
- *Nossa Senhora Rainha da Paz: história e novena* – Celina Helena Weschenfelder
- *Novena à Divina Misericórdia* – Tarcila Tommasi

- *Novena das Rosas: história e novena de Santa Teresinha do Menino Jesus* – Aparecida Matilde Alves
- *Novena em honra ao Senhor Bom Jesus* – José Ricardo Zonta
- *Ofício da Imaculada Conceição: orações, hinos e reflexões* – Cristóvão Dworak
- *Orações do cristão: preces diárias* – Celina Helena Weschenfelder
- *Os Anjos de Deus: novena* – Francisco Catão
- *Padre Pio: novena e história* – Maria Belém
- *Paulo, homem de Deus: novena de São Paulo Apóstolo* – Francisco Catão
- *Reunidos pela força do Espírito Santo: novena de Pentecostes* – Tarcila Tommasi
- *Rosário dos enfermos* – Aparecida Matilde Alves
- *Rosário por uma transformação espiritual e psicológica* – Gustavo E. Jamut
- *Sagrada Face: história, novena e devocionário* – Giovanni Marques Santos
- *Sagrada Família: novena* – Pe. Paulo Saraiva
- *Sant'Ana: novena e história* – Maria Belém
- *Santa Cecília: novena e história* – Frei Zeca
- *Santa Edwiges: novena e biografia* – J. Alves
- *Santa Filomena: história e novena* – Mario Basacchi
- *Santa Gemma Galgani: história e novena* – José Ricardo Zonta
- *Santa Joana d'Arc: novena e biografia* – Francisco de Castro
- *Santa Luzia: novena e biografia* – J. Alves
- *Santa Maria Goretti: história e novena* – José Ricardo Zonta
- *Santa Paulina: novena e biografia* – J. Alves
- *Santa Rita de Cássia: novena e biografia* – J. Alves
- *Santa Teresa de Calcutá: biografia e novena* – Celina Helena Weschenfelder
- *Santa Teresinha do Menino: novena e biografia* – Jesus Mario Basacchi
- *Santo Afonso de Ligório: novena e biografia* – Mario Basacchi
- *Santo Antônio: novena, trezena e responsório* – Mario Basacchi
- *Santo Expedito: novena e dados biográficos* – Francisco Catão
- *Santo Onofre: história e novena* – Tarcila Tommasi
- *São Benedito: novena e biografia* – J. Alves

- *São Bento: história e novena* – Francisco Catão
- *São Brás: história e novena* – Celina Helena Weschenfelder
- *São Cosme e São Damião: biografia e novena* – Mario Basacchi
- *São Cristóvão: história e novena* – Mário José Neto
- *São Francisco de Assis: novena e biografia* – Mario Basacchi
- *São Francisco Xavier: novena e biografia* – Gabriel Guarnieri
- *São Geraldo Majela: novena e biografia* – J. Alves
- *São Guido Maria Conforti: novena e biografia* – Gabriel Guarnieri
- *São José: história e novena* – Aparecida Matilde Alves
- *São Judas Tadeu: história e novena* – Maria Belém
- *São Marcelino Champagnat: novena e biografia* – Ir. Egídio Luiz Setti
- *São Miguel Arcanjo: novena* – Francisco Catão
- *São Pedro, Apóstolo: novena e biografia* – Maria Belém
- *São Peregrino Laziosi* – Tarcila Tommasi
- *São Roque: novena e biografia* – Roseane Gomes Barbosa
- *São Sebastião: novena e biografia* – Mario Basacchi
- *São Tarcísio: novena e biografia* – Frei Zeca
- *São Vito, mártir: história e novena* – Mario Basacchi
- *Senhora da Piedade: setenário das dores de Maria* – Aparecida Matilde Alves
- *Tiago Alberione: novena e biografia* – Maria Belém

Paulinas

Rua Dona Inácia Uchoa, 62
04110-020 – São Paulo – SP (Brasil)
Tel.: (11) 2125-3500
paulinas.com.br – editora@paulinas.com.br
Telemarketing e SAC: 0800-7010081